LE
CRÉDIT MOBILIER

ET LES

SOCIÉTÉS DE SPÉCULATION

PAR

ÉMILE NOUETTE-DELORME.

Deuxième Édition.

PARIS

LIBRAIRIE CASTEL

Galerie de l'Horloge, passage de l'Opéra, 21.

1865

LE
CRÉDIT MOBILIER

ET SES VALEURS

HISTOIRE DE DOUZE ANS

PAR

ÉMILE NOUETTE-DELORME.

PARIS

LIBRAIRIE CASTEL

Galerie de l'Horloge, passage de l'Opéra, 21

1865

AVANT-PROPOS.

Si nous aimons l'audace, la décision et l'esprit d'entreprise des créateurs d'affaires qui font progresser l'industrie et développent la richesse publique par la puissance de l'association, — à condition toutefois que ces qualités ne s'exerceront pas aux dépens du public, qui fournit ses capitaux avec une confiance tant de fois déçue, — nous n'aimons pas, en revanche, les sociétés envahissantes, les individualités remuantes et aggressives pour lesquelles le terrain des affaires est un champ clos, une lutte d'influences et de rivalités funestes.

Le public n'a rien à gagner à tout cela, et c'est trop souvent à ses dépens que se livrent ces combats, que s'opèrent ces savantes manœuvres qui servent à ramener la victoire ou bien à masquer la défaite.

Les luttes qui ont eu lieu dans ces derniers temps entre les principaux administrateurs du Crédit mobilier français et la Banque de France, à propos de la Banque de Savoie, nous ont suggéré l'idée de rechercher dans les archives du passé l'histoire et les résultats de la Société du Crédit mobilier, ses relations avec le public, la biographie des principales valeurs qu'elle a créées et soutenues.

Commençons par rendre justice à l'intelligence, à la capacité des fondateurs de cette société, dignes, en tout point, du rôle important qu'ils ont joué depuis douze ans et qui laissera de si profonds souvenirs parmi tous les capitalistes grands et petits.

Le 9 janvier dernier, chacun a pu lire dans le *Moniteur* :

1° La pétition des négociants de Paris et de Lyon ;

2° La requête des administrateurs de la Banque de France ;

3° Enfin, le rapport des ministres des finances et des travaux publics, concluant à une enquête.

Bien des personnes affectent de considérer tout renvoi aux commissions d'enquête comme un enterrement honorable accordé aux études ou projets qui leur sont soumis. Sans trop nous exagérer l'efficacité du moyen, nous sommes persuadé cependant que l'enquête en question ne restera pas sans résultat; qu'elle pourra corriger plus d'un abus, réprimer plus d'une ambition, empêcher bien des empiétements.

L'histoire de la Banque de France est connue. Sauf quelques réformes de détail dont l'extension du crédit et le développement des transactions commerciales viendront peut-être démontrer la nécessité, nous trouvons peu à redire à son excellente constitution. Nous savons tous les immenses services rendus par cette honorable société dans les temps de crise et de révolution.

Elle mérite en tout point la confiance qu'elle a acquise tant à Paris que dans toute la France auprès du commerce et des particuliers, et son histoire, qui se publiait ces années dernières à raison d'un chapitre par mois, se continue maintenant toutes les semaines. Là, tout est clair, tout se passe au grand jour, et chacun peut en prendre connaissance.

L'histoire du Crédit mobilier n'a pas encore été faite et ne pouvait pas l'être. Qui pourrait percer en effet l'inconnu qui entoure son existence? qui pourrait dissiper les nuages qui l'enveloppent et la dissimulent aux yeux des profanes?

Ce serait une prétention bien exorbitante que de l'entreprendre, et nous ne parlerons ni de son avenir, qui est lettre close, ni de son présent tout environné de ténèbres, ni de ses tendances que nous laisserons à nos lecteurs le soin de deviner et d'apprécier. Mais son passé nous appartient, il contient plus d'un utile enseignement, et sans nous en proclamer l'historien fidèle et exact — dans le sens littéral du mot — nous avons étudié avec soin les documents qu'il a mis lui-même à notre disposition, dans ses rapports annuels; et ce sont les résultats de cette étude, au point de vue du public, que nous voulons énoncer ici.

Le récit sera nécessairement incomplet, mais les conséquences que le lecteur en pourra tirer ne seront ni moins sérieuses, ni moins importantes, et chacun retrouvera dans les faits passés un lambeau de sa propre histoire.

Sera-ce une espérance justement réalisée? quelque illusion détruite ou quelque rêve évanoui?

Demandez à toutes les familles !

I.

LE CRÉDIT MOBILIER.

L'ère des agitations de la rue et du club était terminée; la France, rassurée, comprenait enfin combien elle était en retard sur les nations voisines dans le grand mouvement industriel et financier qui sera la gloire de notre époque.

La rente avait pris son essor et s'était élevée en quelques mois à des cours inconnus jusqu'alors. De tous côtés se formaient de nouvelles compagnies pour la construction des lignes de chemins de fer et le développement de l'industrie.

Le capital sortait des caves où il était depuis si longtemps enfoui. Les mines de la Californie, puis celles de l'Australie venaient à propos fournir leur contingent de numéraire et donner une impulsion plus vive aux travaux entrepris.

Les recettes des chemins de fer, se développant avec rapidité, ajoutaient aux espérances de l'avenir la certitude et le poids des résultats acquis. Les principales maisons de banque s'associaient dans une large proportion au mouvement universel qu'elles dirigeaient et modéraient tout en lui conservant son impulsion.

A des hausses effervescentes et souvent désordonnées succédaien tout à coup des réactions violentes, des paniques échevelées bientôt oubliées elles-mêmes pour faire place à de nouveaux cours plus élevés que les premiers.

Le marché cherchait son assiette, les valeurs cherchaient leur niveau. Une fois parvenu au cours de 87 francs, le 3 0/0, qui n'offrait qu'un revenu fixe et limité, cessa d'occuper exclusivement la spéculation, qui se porta principalement sur les lignes de chemins de fer. Les compagnies, jusque-là sans force ni cohésion, sentirent le besoin de s'unir pour mener heureusement à bout la construction du réseau français, et la première fusion fut résolue entre les Compagnies d'Orléans, du Centre, de Bordeaux et de Nantes. Cet exemple devait être bientôt suivi par d'autres agglomérations qui ont abouti au partage de la France en six régions ferrées qui la divisent actuellement. Dans ce tohu-bohu d'intérêts divers, de rivalités puissantes qui se disputaient le capital et s'arrachaient les concessions, une place était à prendre. Il fallait une compagnie qui organisât le mouvement en se chargeant de lancer les affaires nouvelles, de trouver les fonds nécessaires pour le placement de leurs actions ou obligations.

Quelques hommes intelligents se réunirent, mirent en commun leur habileté et leur expérience ; le capital, alléché par de grosses primes et par l'espoir de dividendes brillants, répondit à leur appel, et le Crédit mobilier fut créé.

Nous croyons utile de reproduire ici le décret en date du 18 novembre 1852 qui autorise la société et approuve ses statuts

SOCIÉTÉ GÉNÉRALE DE CRÉDIT MOBILIER.

—

DÉCRET

QUI L'AUTORISE ET EN APPROUVE LES STATUTS.

Art. 1er. — La Société anonyme formée à Paris sous la dénomination de *Société générale de Crédit mobilier* est formée.

Sont approuvés les statuts de ladite Société, tels qu'ils sont contenus dans l'acte passé les 16 et 17 novembre, devant Me Fould et son collègue, notaires à Paris, lequel acte restera annexé au présent décret.

Art. 2. — La présente autorisation pourra être révoquée sur la proposition du ministre de l'intérieur ou du ministre des finances, en cas de violation ou de non-exécution des statuts approuvés, sans préjudice du droit des tiers.

Art. 3. — La Société sera tenue de remettre tous les six mois un extrait de son état de situation au ministre de l'intérieur, de l'agriculture et du commerce, au préfet de la Seine, au préfet de police, à la chambre de commerce et au greffe du tribunal de commerce de Paris.

Art. 4. — En outre, la Société devra fournir au ministre des finances, sur sa demande, ou à des époques périodiques par lui déterminées, les mêmes états présentant la situation de son compte et de son portefeuille, ainsi que le mouvement de ses opérations.

Les opérations et la comptabilité de la Société seront soumis à la vérification des délégués du ministre des finances, toutes les fois que celui-ci le jugera convenable. Il sera donné communication à ces délégués du registre des délibérations, ainsi que de tous les livres, souches, comptes, documents et pièces appartenant à la Société. Les valeurs de caisse et de portefeuille leur seront également représentées.

Art. 5. — Il est interdit à la Société de souscrire des emprunts sur fonds publics étrangers, sans l'autorisation du gouvernement.

Art. 6. — Le choix des membres du comité de direction formé en vertu de l'article 41 des statuts, sera soumis à l'approbation du gouvernement.

Art. 7. — Le ministre de l'intérieur, de l'agriculture et du commerce, et le ministre des finances sont chargés, chacun en ce qui le concerne, de l'exécution du présent décret, qui sera publié au *Bulletin des lois*, inséré au *Moniteur* et dans un journal d'annonces judiciaires du département de la Seine.

Fait au palais de Saint-Cloud, le 19 novembre 1852.

Comme on le voit, le gouvernement a conservé la haute surveillance sur les opérations du Crédit mobilier, puisque par le deuxième article il s'est réservé le droit de dissoudre la Société sur la proposition du ministre de l'intérieur, ou du ministre des finances.

Et nous aimons à croire que les prescriptions des articles 3 et 4 sont toujours fidèlement exécutées, et nullement tombées en désuétude.

Elles pourront singulièrement faciliter les travaux de la commission d'enquête, s'il lui vient à l'idée de connaître à fond la position de la Société.

Dans l'acte qui contient les statuts de la Société de Crédit mobilier, nous trouvons deux articles importants :

1° L'article 5, qui donne le détail des opérations pour lesquelles la Société a été instituée;

2° L'article 6, ainsi conçu :

« ART. 6. — Toutes autres opérations sont interdites.

» Il est expressément entendu que la Société ne fera jamais de ventes à découvert, ni d'achats à primes. »

Dans l'avant-dernière semaine de novembre 1852, le premier tiers des actions du Crédit mobilier fit son apparition au parquet, et elles furent immédiatement cotées à 1,500 et 1,525 francs, c'est-à-dire avec 200 0/0 de prime. Il est vrai qu'elles donnaient droit à la souscription des deux tiers restant à émettre, dans la proportion de deux actions nouvelles contre trois anciennes à chaque émission. Chaque action revenait donc à l'acheteur de 900 à 1,000 francs.

Après avoir accueilli la souscription avec enthousiasme, la Bourse trouva sans doute la prime un tant soit peu exagérée; car la réaction ne se fit pas attendre, et les actions tombèrent bientôt au-dessous de 1,000 francs, puis à 800 francs; puis, au mois d'avril 1854, à 500 francs, et même à 435 francs lors de la déclaration de guerre faite à la Russie, pour remonter à 510 francs sur l'annonce d'un dividende de 25 francs formant, avec l'intérêt, le revenu total de 40 fr. 25 c.

Nous ne suivrons pas ces actions dans la campagne de hausse

des années 1855 et 1856, campagne qui, avec l'aide de la paix, les porta tout près de 2,000 francs sur l'annonce d'un dividende de 200 francs pour l'année 1855. Nous ne raconterons pas non plus toutes leurs péripéties depuis cette époque.

En faisant la biographie rapide de ses enfants, c'est-à-dire des valeurs qu'il a créées et soutenues, nous retrouverons le père prenant plus ou moins part à leur grandeur ou leur décadence, selon que les enfants ont pu quitter joyeusement la maison, ou y sont restés trop longtemps en sevrage.

Il sera plus facile et plus instructif pour nos lecteurs de parcourir le tableau suivant qui indique le chiffre total des dividendes payés depuis la création de la Société, et les cours extrêmes faits en hausse et en baisse dans l'espace de chaque année :

FIN 1852 et	DIVIDENDES et INTÉRÊTS.	COURS EXTRÊMES FAITS DANS L'ANNÉE	
		en hausse.	en baisse.
	fr. c.	fr. c.	fr. c.
1re année 1853......	40 25	1785 et	640 »
2e — 1854......	59 »	792 50 et	435 »
3e — 1855......	203 70	1650 » et	725 »
4e — 1856......	115 »	1980 » et	1140 »
5e — 1857......	25 »	1480 » et	670 »
6e — 1858......	25 »	1055 » et	560 »
7e — 1859......	37 50	950 » et	505 »
8e — 1860......	50 »	815 » et	640 »
9e — 1861.	50 »	787 » et	640 »
10e — 1862......	125 »	1285 » et	705 »
11e — 1863......	125 »	1470 » et	1015 »
12e — 1864..... .	» »	1315 » et	855 »

Le total des dividendes, soit 855 fr. 45 c., réparti en onze années, donne un revenu moyen de 72 fr. 72 c. 1/2.

Ce revenu de 72 fr. 72 c. 1/2 doit certainement paraître satisfaisant à tout possesseur d'actions aux environs du pair (si toutefois il en reste encore); mais c'est peu pour ceux qui les ont payées pendant la période de 1855 et 1856 dans les prix de 1,500 et 2,000 francs. Il est vrai qu'eux aussi ont presque tous quitté la valeur en subissant une dépréciation plus ou moins importante.

Mais les actionnaires d'une société de spéculation sont comme les associés d'une maison de commerce, payant par de plus grands risques les chances de plus grands bénéfices ; ils savent à quoi ils s'exposent, et nous n'avons pas à nous en occuper ici.

Il n'en serait pas de même pour les actions des compagnies de chemins de fer et des sociétés industrielles qui ont un but bien défini, et pour lesquelles les fluctuations doivent être moins sensibles.

Un journal brillamment rédigé, *la Finance,* numéro du 5 janvier dernier, évaluait à 568 millions environ la prime perçue par les fondateurs de sociétés étrangères sur le public français depuis douze ans, et à 780 millions la dépréciation au-dessous du pair des mêmes valeurs.

Les primes perçues sur les actions françaises doivent s'élever à une somme au moins égale.

Quelle a été la part du Crédit mobilier à ce festin. Nous n'essayerons pas de l'évaluer ; mais en déduisant 30 francs (soit 6 0/0) par action du Crédit mobilier, intérêt commercial représenté par le revenu des valeurs en portefeuille ou les placements temporaires, nous ne trouvons plus que 47 fr. 72 c. 1/2, comme représentation de la moyenne des bénéfices faits par la Société pendant les onze années écoulées.

Or 47 fr. 72 c. 1/2 $\times$ 11 années $\times$ 120,000 actions donnent un total de 62,990,000 francs seulement encaissé par les actionnaires jusqu'au 1ᵉʳ janvier 1864.

Que seraient donc devenues les centaines de millions manquant sur la part afférente à la Société dans les créations de ces douze années ? Une petite partie est sans doute passée en frais de toute espèce.

Mais le reste, où est-il passé ?

Il serait dangereux pour la vérité de s'appesantir davantage sur ce calcul, et nous aimons mieux croire qu'il y a erreur dans les évaluations du journal en question.

Depuis plusieurs années le dividende du **Crédit mobilier** est le fait important de la Bourse. Tous les ans, au mois de mars ou d'avril, avant que le chiffre n'en soit officiellement connu, il sert de base à des fluctuations ardentes que le petit public spéculateur suit en aveugle, cherchant à deviner ce qu'on va lui apprendre. Il reprend à des cours élevés cette valeur tant dédaignée quelques mois plus tôt, son imagination lui fait entrevoir des cours plus élevés encore qu'il ne peut jamais saisir, car, au bout de quelques jours, de quelques semaines peut-être, le jour se fait, le calme rentre dans les esprits, et l'on regrette bien vite les folies auxquelles on s'est laissé entraîner.

Sans parler du grand mouvement de 1863, dont il sera question plus tard, à propos du Midi, de la Transatlantique et de la Compagnie immobilière, le mois d'avril 1864 nous a donné une représentation exacte de ces évolutions désordonnées.

Le samedi 9 avril les actions du Crédit mobilier fermaient à 1,051 25 ; le lundi suivant, la hausse commençait violente, imprévue, comme toutes les hausses sans motif apparent ; enfin, le lundi 18 avril, le Mobilier ouvrait à 1,315 francs, c'est-à-dire 100 francs plus haut que la veille, pour fermer en réaction sensible après une lutte passionnée, et redescendre bientôt aux cours antérieurs, une fois le dividende de 125 francs connu et escompté.

Nous chercherons le remède à ces soubresauts funestes pour le crédit public (les bas cours de la rente depuis quelques années en sont la preuve) et la fortune des particuliers. Contentons-nous, pour le moment, d'émettre le vœu que l'on éclaircisse ces faits regrettables et que l'on vienne éveiller l'attention du gouvernement et de nos législateurs ; mais le meilleur conseil que nous puissions donner à nos lecteurs, c'est de s'abstenir de toute spéculation à terme sur les actions du Crédit mobilier.

II.

PRINCIPALES CRÉATIONS

CRÉDIT MOBILIER.

Parmi les valeurs émises ou reconstituées sous le patronage du Crédit mobilier, nous citerons principalement :

1° Les Chemins de fer Autrichiens ;

2° La Compagnie générale des Omnibus ;

3° Les Chemins de l'Est (émission des actions de Mulhouse) :

4° La fusion des Chemins de l'Ouest ;

5° Les Chemins de fer Suisses ;

6° Les Chemins du Midi ;

7° La Compagnie parisienne de chauffage et d'éclairage par le gaz ;

8° La Société maritime et la Compagnie générale transatlantique ;

9° La Compagnie immobilière de Paris ;

10° Le Chemin du Nord de l'Espagne ;

11° Les Crédits mobiliers, Espagnol. Italien et Néerlandais, etc.

§ 1. — Chemins de fer Autrichiens.

La Société des Chemins de fer Autrichiens fut autorisée à Vienne par décret impérial du **23** février 1855. Le Crédit mobilier prit une large part à sa constitution ; il n'y eut pas de souscription publique, et les cours s'élevèrent rapidement à la Bourse de Paris.

Elle donna 31 fr. 50 c. de revenu, pour la première année, à chacune des 400,000 actions émises, c'est-à-dire 7 fr. 50 c. d'intérêt et 24 fr. 40 c. de dividende. Les cours extrêmes furent 817 fr. 50 c. et 542 fr. 50 c. En 1856, l'intérêt fut de 12 fr. 05 c. et le dividende de 21 fr. 60 c., soit, en tout, 33 fr. 65 c. de revenu. Les cours extrêmes furent 957 fr. 50 c. et 691 fr. 25 c.

Depuis lors, si l'intérêt augmentait avec les versements, le dividende ne cessa de décroître jusqu'au jour où les actionnaires furent réduits à la portion congrue de 25 francs par an qui a constitué encore tout le revenu de 1863.

Quelles sont les causes qui ont amené ce résultat au bout de dix années d'exploitation ? Nous n'avons pas à les étudier ici, et nous ne faisons que constater les faits ; mais il y a tout lieu de croire que les bénéfices procurés par la vente des actions de cette compagnie sont entrés pour une somme importante dans les dividendes du Crédit mobilier en 1855 et 1856.

Le 31 décembre 1864, le cours de clôture des actions autrichiennes était de 442 fr. 50 c.

C'est indiquer la perte énorme subie par les acheteurs de 1855 et 1856 qui seraient restés détenteurs de leurs actions.

§ 2. — Entreprise générale des Omnibus de Paris.

Ici, il nous faut enregistrer le succès d'une compagnie que le Crédit mobilier n'a pas créée, mais à laquelle il a prêté son patronage.

Toutes les Compagnies propriétaires de lignes dans l'enceinte de

Paris, parmi lesquelles deux seulement faisaient leurs affaires (la Compagnie des Omnibus et celle des Favorites), fusionnèrent sous les auspices du Crédit mobilier, à partir du 1er mars 1855.

La création des places d'impériale à 15 centimes, la modicité du prix des places d'intérieur, à notre époque où chacun comprend que l'économie du temps est une grande économie d'argent, furent une des principales causes de la prospérité de la Compagnie. Malgré l'adjonction de lignes relativement improductives, dont les recettes ne se développeront qu'à la longue, la recette moyenne se soutient, et l'année 1863 a donné 70 francs de dividende.

En 1855, les cours extrêmes furent 1,100 francs et 600 francs, avec un dividende de 45 francs.

Le 31 décembre 1864, les actions atteignirent le même cours de 1,100 francs avec un dividende de 70 francs.

§§ 3 et 4. — Chemins de l'Est et de l'Ouest.

Sans nous noyer dans des détails inutiles, nous dirons que la Société du Crédit mobilier a pris une part active à l'émission des nouvelles actions du chemin de fer de l'Est, dites actions de Mulhouse, faisant les versements par avance pour le compte de ceux des anciens actionnaires qui réclamaient ce service.

Chacun connaît les mécomptes que la Compagnie de l'Est a éprouvés dans la construction du chemin de Mulhouse, qui a dépassé de plus de 120 millions l'estimation d'après laquelle on faisait espérer aux actionnaires un revenu de 60 francs environ par action ancienne ou nouvelle.

Nous ne parlerons pas non plus de l'acquisition de la ligne de Montereau à Troyes sans produit aucun, valeur dépréciée dont les actions sont tombées jusqu'à 90 francs et ne se sont relevées vers le cours de 500 francs que lors de la fusion avec la Compagnie de l'Est, qui a racheté cette ligne aux heureux possesseurs du moment moyennant 500 francs donnés en échange de chaque action de Montereau à Troyes, qui ne valait rien ou à peu près.

En 1855, les actions de Strasbourg ancien atteignirent le cours de 990 francs avec 78 fr. 50 c. de revenu.

En 1856, celui de 1,060 francs avec 74 francs de revenu.

L'année suivante, première année où toutes les actions participèrent au revenu, il fut de 40 fr. 65 c., pour décroître ensuite chaque année.

Maintenant, au lieu des 60 francs espérés, les actions de l'Est produisent 32 à 34 francs avec le secours de l'Etat. Elles étaient cotées, le 31 décembre 1864, 505 francs en clôture.

Quant à la Compagnie de l'Ouest?

La Société du Crédit mobilier, sans intervenir officiellement à la fusion des Compagnies de Rouen, du Havre, de Dieppe, de Cherbourg, de Saint-Germain et de l'Ouest, y a cependant pris une part indirecte en se chargeant de l'émission des obligations et des versements à faire par les actionnaires moyennant un intérêt minime (de 4 0/0 par an); ses principaux administrateurs étaient en même temps à la tête de plusieurs des lignes fusionnées.

La première année de la fusion, les actions de l'Ouest s'élevèrent jusqu'à 840 francs et donnèrent 50 francs de revenu.

En 1858, elles atteignirent le cours de 990 francs, mais l'année produisit 40 francs de revenu.

Le 31 décembre 1864, elles étaient cotées 520 francs avec 37 fr. 50 c. de revenu pour 1863.

Disons en passant que l'action du Havre, qui ne fut estimée que 6/7 d'une action de l'Ouest (type de la fusion) et reçoit maintenant environ 30 francs, en rapporterait plus de 50 si le chemin eût gardé son autonomie.

Le même raisonnement peut s'appliquer à l'action du chemin de Rouen, dans d'autres proportions seulement, car pour douze actions de la ligne de Rouen, on reçut dix-neuf actions de la fusion.

§ 5. — Chemins de fer Suisses.

Dans l'année 1855, la Société du Crédit mobilier acquit du chemin de fer Central suisse au prix de 450 francs l'une, et se chargea d'émettre à ses risques et périls 30,000 actions qui portèrent le capital social à 37,617,500 francs divisés en 75,235 actions.

Dans la même année, le cours des actions, qui était descendu un moment à 405 francs, se releva jusqu'à 527 fr. 50 c. après ce traité.

En 1856, les cours extrêmes furent 630 et 480 francs.

Depuis, l'enfant ingrat s'est émancipé : il a quitté la maison de son protecteur, voire même la Bourse de Paris, où ses actions ne sont plus cotées ; mais l'avenir n'en paraît pas moins rassurant, et le dividende, descendu en 1862 de 30 à 26 francs, paraît devoir sous peu revenir à 30 francs et plus. C'est une des rares lignes qui soient tout à fait terminées, et où par conséquent il n'y ait plus de place pour l'inconnu et les déceptions de l'avenir.

Quant à la Compagnie de l'Ouest suisse, il n'en est pas de même, hélas ! S'il est resté fidèle à la maison, il ne lui a apporté que déception, et l'avenir ne paraît pas plus brillant que le présent.

En 1856, le Crédit mobilier se chargea de placer à ses risques et périls 45,750 actions de 500 francs qui restaient à la Compagnie. Il les acquit à forfait au prix de 400 francs par action, et dans l'année les cours s'élevèrent de 410 à 630 francs pour redescendre de 551 fr. 25 c. à 395 francs en 1857.

Depuis 1860, la Compagnie a cessé de servir aucun intérêt aux anciens actionnaires, dont les droits à toute répartition future sont primés par ceux de 20,000 actions privilégiées émises en 1863.

Dernier cours connu au 31 décembre 1864, 40 francs.

§ 6. — Chemins de fer du Midi.

Le Midi ! Ce n'est pas un enfant, car il est plus âgé que le père ; il fut conçu, enfanté, choyé, avant le Crédit mobilier lui-même ; il n'est pas de la famille, il est plus, il est la famille, le foyer. Le Crédit mobilier et lui sont liés par des nœuds indissolubles, et les événements de 1862 et 1863 sont venus démontrer la solidarité qui les unit.

Parmi les lignes dont l'agglomération successive a formé la Compagnie des chemins de fer du Midi, celle de Bordeaux à la Teste est la plus ancienne, puisque la concession remonte au 15 décembre 1837 et qu'elle fut mise en exploitation le 7 juillet 1841. Les premiers résultats furent à peu près nuls et le prix des actions déclina rapidement. En 1850, elles étaient cotées de 25 à 40 francs, et se relevèrent en 1852 de 65 à 360 francs sur les bruits de rachat par la Compagnie du chemin de fer de Bordeaux à Cette qui venait d'être constituée le 6 novembre 1852.

Cette dernière prit en effet à bail la ligne de Bordeaux à la Teste pour quatre-vingt-dix-neuf ans aux heureux possesseurs du moment, et se chargea de la construction de la ligne de Bayonne et de ses embranchements; mais la fusion complète n'eut lieu que plus tard, en 1858.

Quant à la Compagnie du chemin de fer de Bordeaux à Cette, elle prit le nom de chemin de fer du Midi.

Divers embranchements furent livrés à la circulation en 1855 et 1856; les actions oscillèrent de 470 francs (1854) à 825 francs (1856), pour monter jusqu'à 880 francs en 1857 sur l'ouverture totale de la ligne de Bordeaux à Cette.

Malheureusement les dépenses dépassèrent de beaucoup la prévision des rapports de 1854 et 1855, et, dès 1856, le Conseil d'administration crut devoir demander à l'assemblée générale les pouvoirs nécessaires pour élever le chiffre des actions et obligations.

Quoi qu'il en soit, de 134,000 actions qui composaient le capital primitif de la Compagnie du Midi, le chiffre s'est élevé jusqu'à 250,000, qui ont été placées ainsi qu'il suit :

134,000 actions	primitives souscrites au pair.	67,000,000 fr.
15,000 —	échangées avec la Compagnie de la Teste.	7,500,000
89,334 —	négociées à 700 francs. . . .	62,533,800
11,666 —	négociées à 813,08 en moyenne	9,485,472
Total. 250,000	actions qui produisirent la somme de	146,519,272 fr.

Quant au revenu, il fut de 4 0/0 d'intérêt de 1853 à 1858.

L'année 1859 donna 27 francs de revenu total ; celle de 1860 donne 35 francs. Pendant 1861, les recettes s'améliorèrent ainsi que les cours ; le revenu fut de 50 francs et les actions se relevèrent de 497 fr. 50 c. à 680 francs pour faire le cours de 896 fr. 25 c. en 1862, avec un dividende de 52 francs.

Le rapport de l'année 1861, lu à l'assemblée générale du 26 avril 1862, est un long chant de triomphe, je dirais presque de victoire, car le Conseil d'administration était en lutte ouverte avec la Compagnie de la Méditerranée, au sujet de la ligne de Cette à Marseille, par le littoral, et comptait avoir bon marché de son adversaire.

Voici les passages les plus saillants de ce rapport :

« Messieurs,

» Depuis six ans, à chacune de vos réunions annuelles, nous avons pu mettre sous vos yeux les preuves d'un nouveau progrès accompli dans les recettes de notre réseau. Vous avez suivi les phases continues de cette remarquable progression qui s'est manifestée dès les commencements de notre entreprise, et nous permettait alors, dans des moments difficiles, de compter sur un avenir meilleur. Aujourd'hui notre réseau est en pleine prospérité, et le chiffre de ses recettes permet d'apprécier tout ce qu'il y avait de richesses et d'avenir dans les contrées qu'il est destiné à desservir.

» L'exercice 1861 se solde par une recette brute de 33,052,989 francs, supérieure de 6,128,065 francs à celle de 1860.

» Le produit net, qui était de 11 millions en 1859, puis de 13 millions en 1860, s'est élevé en 1861 à 17,757,947 francs, y compris le revenu de nos capaux. — Ce chiffre nous permet de vous proposer de fixer le dividende de cet exercice à 30 francs par action, en sus de l'intérêt de 20 francs : soit en tout, 50 francs.

» Notre nouveau réseau ainsi terminé ne sera probablement *une charge ni pour l'État, ni pour notre ancien réseau* ; nous recueillerons ainsi le fruit de la prudence et de la réserve que nous avons apportées dans nos négociations de 1856 et 1857. — Libres de tous engagements onéreux, nous pouvons désormais consacrer aux développements que réclame notre entreprise des forces *et un crédit dont nous avons su ne pas abuser.*

» Nos gares et notre matériel complétés, notre seconde voie posée, la première établie dans les conditions que l'expérience a désormais consacréés, notre trafic développé, nos prolongements sur l'Espagne en pleine exploitation aux deux versants des Pyrénées, tels sont les éléments avec lesquels nous entrerons dans la période de 1865, *qui ne sera probablement pour nous que le point de départ d'une prospérité nouvelle.* »

Nous ne reproduirons pas les longues lignes consacrées dans le rapport à mettre les actionnaires au courant des immenses avantages qui devaient résulter pour eux de la concession de la ligne de Cette à Marseille par le littoral. La question qui a soulevé tant de bruit et d'incidents fâcheux tant à Paris que dans les départements du Midi est résolue et oubliée maintenant, et nous préférons reproduire la dernière partie du rapport :

« Messieurs,

» Nous venons de parcourir ensemble toutes les parties de notre entreprise : travaux, recettes, développements futurs, tout a passé sous vos yeux, et vous pouvez apprécier aussi bien que nous-mêmes *quelle est aujourd'hui la valeur de nos lignes et quel est leur avenir.*

» Il ne nous reste plus qu'à vous exprimer une dernière pensée : c'est le sentiment profond de reconnaissance que nous inspire la confiance dont vous n'avez cessé de nous honorer; elle a été notre plus grande force, dans les difficiles épreuves que nous avons dû surmonter pour fonder notre œuvre, comme elle est aujourd'hui notre plus douce récompense, *dans la période de prospérité à laquelle nous sommes parvenus à l'élever, grâce à votre persévérant appui.*

» Notre ligne a pris aujourd'hui son rang *au milieu des belles et fructueuses entreprises de l'époque, et sa prospérité ne peut aller qu'en grandissant* avec celle des régions du Midi qu'elle dessert, et à laquelle elle est intimement liée. Ces belles provinces, tombées peu à peu dans la langueur par suite du mouvement politique qui a amené la prépondérance du nord de la France sur le sud, dévastées aussi par de longues guerres de religion dont elles portent encore la trace, renaissent à une vie nouvelle sous l'influence de nos chemins de fer. Le bas Languedoc, qui peut désormais écouler ses vins dans toutes les directions en quantités indéfinies, multiplie ses vignobles, et se prépare à des productions dont le chiffre dépassera les espérances les plus hardies. Le vaste désert des Landes se couvre de villages et de cultures, et promet à la France un accroissement de population et de richesses agricoles. Le spectacle de cette activité, qui se réveille et se répand par tout le Midi, véritable renaissance dont nos lignes sont la cause et dont elles vivent à leur tour, ce spectacle est *la plus solide preuve de l'avenir réservé à notre réseau*, car il n'y a de prospérité durable que celle fondée sur l'intérêt général et sur le développement de la richesse publique. »

Comme on le pense bien, un rapport aussi favorable fut accueilli à la Bourse par une hausse violente, et les actions s'élevèrent de plus de 50 francs en quelques jours, pour parvenir enfin pendant l'automne au cours de 896 fr. 25 c. Depuis lors, malgré tant de causes de prospérité, les cours déclinèrent rapidement, une vague inquiétude se répandit parmi les capitalistes, qui apprirent trop tard les causes réelles d'une pareille dépréciation.

Tous les calculs, toutes les évaluations si favorables du prix de revient kilométrique de l'ancien réseau, étaient brutalement renversés par ce fait imprévu d'une erreur d'environ 80 millions dans la construction, et le gouvernement était obligé, pour sauvegarder les intérêts des actionnaires et faciliter la construction du nouveau réseau, de garantir à la Compagnie du Midi une moyenne de recette kilométrique qui assurerait aux actionnaires un revenu d'environ 35 francs.

Nous ne parlerons ici ni de la discussion qui s'engagea au Corps législatif au sujet de cette convention, ni de la polémique ardente à laquelle elle donna lieu dans le public, ni des articles de divers journaux que nous pourrions nommer, et qui se chargèrent de prouver au public que le Midi, malgré tous les bruits calomnieux qui couraient, continuerait à donner aux actionnaires un revenu minimum de 50 francs.

Nous ne parlerons pas davantage de la fameuse hausse de l'automne de 1863, ni des escomptes, ni du célèbre déport de 48 francs *infligé* aux ennemis de la valeur calomniée. Tous ces faits sont acquis à l'histoire financière de notre temps, et les actions qui, après avoir fléchi jusqu'à 640 francs à la suite de la discussion au Corps législatif, se relevèrent violemment jusqu'à 760 francs environ lors des escomptes, étaient cotées 588 fr. 75 c. (intérêt compris) le 31 décembre dernier.

Personne ne conteste plus maintenant l'exactitude d'un dividende futur de 35 à 36 francs, à moins de modifier l'exécution des conventions de 1863.

Quoi qu'il en soit, leur hausse en 1862 et 1863 contribua largement au dividende de 125 francs qui fut servi deux années de suite à chaque action du Crédit mobilier, et les conduisit en 1863 au cours de 1,470 francs environ.

§ 7. — **Compagnie parisienne de chauffage et d'éclairage par le gaz.**

Enregistrons un nouveau succès pour les promoteurs de la fusion des six compagnies qui se partageaient anciennement l'éclairage de Paris.

Le capital social se compose de 168,000 actions de 500 francs, ayant reçu chacune 95 francs pour 1863 (sauf une légère différence d'intérêt entre les anciennes et les nouvelles actions selon les sommes versées), et le revenu de 1864 sera sans doute un peu supérieur. Un tel revenu vient expliquer la hausse énorme qui a eu lieu dans le cours de ces trois dernières années, hausse qui pourrait se développer encore si le partage avec la ville de Paris du revenu excédant 10 0/0, à partir de l'année 1872, ne venait faire ombre au tableau. La ville, de son côté, garantit un revenu minimum de 10 0/0 du capital employé dans la zone annexée.

On a parlé dans ces derniers temps du rachat de ce partage, moyennant une indemnité fixée d'un commun accord.

Nous ne pouvons croire, quant à nous, que, pareille aux fils de famille, la ville aliène, moyennant une indemnité, quelque importante qu'elle soit, cette source féconde de revenus pour l'avenir.

Supposons donc qu'en 1872 les deux régions donnent un revenu moyen de 120 francs par action, la ville partageant les bénéfices au-dessus de 50 francs, prendrait 35 francs pour sa part, et l'actionnaire verrait son revenu retomber à 85 francs.

On voit d'après ce calcul que, si la propriété des actions a été avantageuse aux fondateurs et aux premiers acquéreurs, l'acquisition de la part du public exige une grande circonspection dans les cours actuels, sans parler des découvertes nouvelles qui pourraient détrôner l'éclairage en vigueur.

En 1863, le cours des actions de la Compagnie s'éleva jusqu'à 1,910 francs.

En 1864, il varia de 1,780 à 1,547 fr. 50 c.

§ 8. — Société maritime et Compagnie générale transatlantique.

La Société maritime, fondée le 27 novembre 1854, commença, ainsi que bien des Compagnies de l'époque, par donner un dividende de 29 fr. 50 c. en 1855, pour la première année d'exercice. Les actions s'élevèrent de 530 à 625 francs ; elles firent même 650 francs lors de la hausse de 1856. Mais le revenu de 1855 fut le premier et le dernier, et les actionnaires, consternés, virent leur valeur baisser graduellement jusqu'à 80 francs lors de la guerre d'Italie, en 1859.

En 1860 et 1861, sur les bruits de reconstitution qui coururent, les actions remontèrent à 400 et 427 fr. 50 c., et la Société fut refondue. Elle prit son nom actuel, qui eut un grand succès de vogue ; le nombre des actions fut porté à 80,000, dont 48,000 servirent à indemniser, moyennant une perte de 1/5me, les anciens actionnaires ou leurs acquéreurs, car, découragés et ignorant la bonne fortune qui attendait leur valeur, la plupart avaient déserté aux premiers symptômes d'amélioration dans les cours. La Compagnie reçut de l'État des avantages considérables, savoir :

1° 9,300,000 francs de subvention annuelle ;

2° 18,600,000 francs d'avance sans intérêt, remboursables en vingt annuités ;

3° 310,000 francs de subvention par voyage d'aller et de retour ;

4° Enfin 4,000,000 de francs pour l'installation de la ligne du Mexique.

Au mois de septembre 1862 les actions obtinrent la cote à terme à la Bourse de Paris ; elles s'élevèrent bientôt à 690 francs.

Malgré tous les sacrifices faits en sa faveur, malgré tous les avantages énoncés plus haut, malgré l'affluence momentanée que les événements politiques ont amenée sur la ligne du Mexique, la Compagnie, dont les actions se maintiennent obstinément au-dessus du pair, n'a pu distribuer encore que l'intérêt à ses actionnaires, et rien n'annonce que l'année 1864 doive modifier cet ordre de choses.

N'y a-t-il pas dans toutes ces contradictions, réelles ou apparentes, de quoi tenter l'esprit d'investigations d'une commission d'enquête munie de pleins pouvoirs ?

A la même époque, une autre Compagnie, celle des Messageries impériales, a trouvé le moyen, d'abord avec la ligne du Levant et de la Méditerranée, depuis avec les lignes du Brésil et de l'Indo-Chine, de voir sa prospérité s'accroître et ses revenus grandir, tout en augmentant son matériel, afin de le mettre à la hauteur des services et des engagements contractés.

Quoi qu'il en soit, la hausse des actions de la Compagnie trans-atlantique à la fin de l'exercice 1862 ne fut pas sans influence sur le dividende des actions du Crédit mobilier.

Au 31 décembre dernier, les actions étaient cotées 535 francs environ.

§ 9. — Compagnie immobilière de Paris.

Avant de parler de la position actuelle de la Société, il est nécessaire de connaître les trois affaires qui se sont fusionnées sous cette dénomination.

I. La première, formée en décembre 1854, a porté pendant quatre ans le nom de *Société de l'Hôtel et des immeubles de la rue de Rivoli* ; son capital était fixé à 24 millions, divisés en 240,000 actions de 100 francs. Son but était l'acquisition de terrains appartenant à l'État et à la ville de Paris et situés rue de Rivoli, la construction du Grand-Hôtel du Louvre et de treize maisons.

Les statuts furent modifiés par décret impérial du 28 juillet 1858. La Société prit la dénomination de *Compagnie immobilière de Paris*. Outre les propriétés déjà citées, elle acquit et construisit divers immeubles, situés boulevard des Capucines, boulevard Malesherbes, boulevard du Prince-Eugène et dans diverses rues.

Les revenus qu'elle distribua chaque année s'élevèrent, de 5 francs, revenu de 1855, à 10 francs, revenu de 1860, 1861 et 1862.

Le cours des actions se maintint pendant sept années de 100 à 130 francs environ, pour faire 170 francs en 1855, lors de l'Exposition universelle, et 80 francs en 1859, au moment de la guerre d'Italie. Pendant l'année 1862, la valeur des actions alla toujours en croissant ; elles s'élevèrent jusqu'à 275 francs, quoique le revenu restât stationnaire : la fusion était en projet et l'on avait besoin de hauts cours pour augmenter la valeur de son apport. Au moment de la fusion, les actions de l'ancienne Compagnie immobilière étaient cotées 245 francs environ.

II. La deuxième Société fusionnée avait survécu à la ruine d'une maison célèbre. C'est l'ancienne Société des Ports de Marseille. Autorisée par décret du 16 août 1859 pour cinquante ans, elle avait pour objet la mise en valeur et l'exploitation de terrains acquis de la ville de Marseille, destinés à former les quartiers nouveaux faisant face aux ports de la Joliette et Napoléon, aux bassins des Docks et à la gare maritime des chemins de fer. Elle fut d'abord formée en commandite sous la raison sociale Jules Mirès et Cᵉ, avec un fonds social de 100,000 actions qui furent libérées de 150 francs seulement au lieu de 250.

Lorsque la Société fut convertie en société anonyme, le capital social se composa de 15,000,000 de francs divisés en 30,000 actions de 500 francs libérées.

Suivant l'exemple de la Compagnie immobilière, les actions des Ports de Marseille, qui étaient cotées de 320 à 400 francs en 1861, de 425 à 450 francs en 1862, s'élevèrent jusqu'à 750 francs dans les premiers mois de 1863, sur les bruits de fusion, sans autre revenu que les 25 francs d'intérêt, mais avec une perspective magnifique pour l'avenir.

III. La troisième et dernière affaire fusionnée fut apportée par M. Émile Pereire et ses ayants droit ; elle consistait en promesses de vente et conventions provisoires relatives aux terrains de la rue Impériale de Marseille, et en 18,031,000 francs à payer sur ces terrains.

La nouvelle Société s'est constituée au capital de 160,000 actions réparties ainsi qu'il suit :

Aux propriétaires des 240,000 actions de la Compagnie immobilière de Paris, à raison de 4 actions nouvelles pour 11 anciennes. . . . . 87,272 actions.

A la Compagnie des Ports de Marseille, à raison de 1 action nouvelle pour 1 ancienne . . . 30,000

A MM. Pereire et consorts, pour la rue Impériale 36,062

Actions restées à la souche pour être vendues au profit de la Société 6,666

Total égal. . . . . . . 160,000 actions.

La Compagnie fut autorisée par décret du 13 juin 1863. Les actions des Ports de Marseille valaient à pareil jour 747 fr. 50 c. et les actions nouvelles s'élevèrent jusqu'à 770 francs, pour commencer une période de dépréciation non interrompue jusqu'à la fin de novembre dernier. Mais la hausse de l'hiver 1862 et 1863 ne fut pas sans influence sur le dividende de 125 francs distribué aux actions du Crédit mobilier.

Voici donc où conduisait l'étrange théorie des fusions à outrance ; trois affaires situées à 220 lieues de distance venaient amalgamer trois apports de différentes natures : l'un, composé de terrains à bâtir sur les bords de la mer ; l'autre, composé d'un projet de rue à percer dans une ville à édifier ; enfin le troisième, composé de maisons à louer, d'hôtels meublés à exploiter, de constructions à faire, de comptes de maîtres d'hôtel, de charpentiers, de maçons et de fournisseurs de toute sorte à apurer et réduire, etc., etc. Car les habiles administrateurs de cette tour de Babel doivent ne rien ignorer, et joindre à leurs éminentes capacités financières les connaissances pratiques du *Manuel de l'entrepreneur* et du *Parfait cuisinier,* afin de renvoyer satisfaits le maître maçon dont on règle le mémoire, et le blond gentleman qui trouverait à redire au service de la table et de l'appartement.

Mais c'est assez plaisanter avec un sujet que les acquéreurs d'actions immobilières des mois de mars ou d'avril 1863 trouveront fort sérieux.

Nous n'avons pas la prétention, dans ce travail abrégé, de reproduire en détail les comptes rendus de ces années dernières. Nous ferons cependant remarquer les différences importantes qui existent entre eux.

Dans celui de 1861, nous trouvons à l'exposé de la situation financière :

Que le Grand-Hôtel du Louvre est estimé, tant pour les acquisitions et constructions que pour l'ameublement, à la somme de . . . . 13,944,241 fr. 68 c.

Que les immeubles du boulevard des Capucines, en y comprenant l'ameublement de l'*Hôtel de la Paix* (Grand-Hôtel), sont estimés à la somme de 24,121,597   44

Soit ensemble. 38,065,839   12

Tandis que dans le bilan du 31 décembre 1863, l'Hôtel du Louvre est porté à l'actif pour la somme de 20,000,000
et le Grand-Hôtel pour celle de. 30,000,000

Ensemble. 50,000,000   »

Soit une plus-value de. . . . . . 11,934,160 fr. 88 c.

que l'acquisition d'un nouveau mobilier pour remplacer celui de l'Hôtel du Louvre ne nous paraît nullement légitimer, non plus que l'augmentation naturelle de la valeur des immeubles par telle ou telle circonstance avantageuse.

Ces augmentations se traduisent seulement par l'amélioration du revenu, à moins de les réaliser par la vente; mais dans un bilan de Compagnie, de tels chiffres ne paraissent insérés que pour balancer le passif qui s'est accru d'autant.

Nous appellerons également l'attention de nos lecteurs sur l'énormité des sommes exigibles aux termes du rapport de 1864.

Sans parler des emprunts au Crédit foncier, ni de ceux en obligations de la Compagnie, nous trouvons, tant en sommes dues au Crédit mobilier, qu'en immeubles restant à solder, qu'en divers comptes créditeurs et intérêts à payer, la somme totale de . . . . 65,792,716 fr. 88 c. payable probablement à courte échéance, et à laquelle nous ne pouvons opposer dans l'actif que celle due par débiteurs divers, soit. . . 31,512,028 83

34,280,688 fr. 05 c.

En sorte qu'il pourrait se présenter telle circonstance difficile dans laquelle la Société aurait à payer immédiatement 34 millions sans pouvoir se procurer les fonds nécessaires au jour et à l'heure dits.

Nous ne pousserons pas plus loin cet examen. Il faudrait, pour le rendre complet, entrer dans des détails auxquels notre cadre restreint s'oppose.

Nous engageons ceux de nos lecteurs que le sujet pourrait intéresser à prendre connaissance des écrits de M. Raoul Boudon sur la matière, notamment de la lettre à M. Emile Pereire, président de la Compagnie immobilière, publiée en 1863.

Nous le savons, les directeurs de la Compagnie immobilière ont foi dans l'avenir. Espérons qu'il ne leur fera pas faute ; espérons-le surtout pour le public qui s'est associé à leurs entreprises, et attend avec une patience digne d'un meilleur sort les résultats que les rapports de 1862 et 1863 lui faisaient entrevoir.

Quoi qu'il en soit, nous voyons dans les conséquences de cette fusion immobilière un beau sujet d'étude pour la commission d'enquête.

Nous ne parlerons ni du vif mouvement de reprise qui vient d'avoir lieu dans ces derniers temps sur les actions de la Compagnie, au moment où elles étaient offertes à 410 francs, ni des bruits de toute sorte qui ont servi de motifs à cette hausse. Pouvous-nous croire à leur exactitude, et le mouvement sera-t-il assez durable pour permettre à l'actionnaire de revoir les anciens prix, et par conséquent de reprendre confiance et espoir dans l'avenir?

Nous n'osons trop l'espérer.

§ 10. — Chemin de fer du Nord de l'Espagne.

En ce moment de réaction et de défiance contre les valeurs espagnoles, nous ne voudrions pas contribuer à augmenter un mal beaucoup trop grand déjà, et qui atteint tant de familles françaises.

La création du Nord de l'Espagne fut une œuvre hardie comme conception, gigantesque comme exécution. Espérons qu'elle contribuera à porter la vie et la richesse dans un pays condamné jusqu'ici à l'isolement par ses barrières naturelles, par les mœurs et le caractère de ses habitants.

Quant aux propriétaires actuels des actions, il leur faut s'armer de patience ; car, selon toute apparence, le temps d'épreuve sera long avant que l'on puisse retrouver quelque produit des capitaux enfouis dans la construction de cette ligne.

Les chemins de fer du Nord de l'Espagne ont été concédés, en 1858, à la Société générale de Crédit mobilier espagnol avec une subvention totale de 56 millions de francs. Le fonds social avait été souscrit antérieurement par un comité composé de divers capitalistes, parmi lesquels nous retrouvons les Crédits mobiliers français et espagnol. Il y eut souscription au pair au profit des actionnaires de diverses compagnies, et les cours restèrent stationnaires jusqu'en 1862, qu'ils s'élevèrent à 567 fr. 50 c., après 407 50, pour toucher le cours de 600 francs en 1863. Depuis, la valeur ne cessa de décliner jusqu'à l'ouverture de la ligne, alors que bien des invités, mesurant de leurs propres yeux les énormes dépenses faites, ainsi que celles qui restaient encore à faire, et l'exiguïté des résultats à venir, envoyèrent, par reconnaissance sans doute, de nombreux ordres de vente qui vinrent déprécier encore la valeur.

Nous ne pouvons estimer à moins de 450,000 francs par kilomètre (subvention comprise) le coût du chemin entièrement terminé. Le produit brut de l'année 1864 a été d'environ 26,750 francs par kilomètre. On voit quels accroissements il faut attendre de l'avenir pour pouvoir servir même l'intérêt des actions.

Nous ne pouvons assurer si l'assemblée générale autorisera encore cette année le service des intérêts sur le compte capital, se fondant sur le motif que la ligne n'a pas été en exploitation complète pendant l'année 1864 tout entière.

Quoi qu'il en soit, c'est une épreuve de plus à ajouter au martyrologe des actionnaires français, et nous regrettons d'affirmer que ce n'est pas la dernière.

Le 31 décembre dernier, le cours de clôture sur les actions était de 373 fr. 25 c. Depuis lors, il s'est encore affaissé davantage.

§ 11. — Coup d'œil sur les Crédits mobiliers espagnol, italien, néerlandais, Banque ottomane, etc.

Nous n'avons pas l'intention de faire la biographie des valeurs similaires créées par le Crédit mobilier français dans divers pays de l'Europe. La matière serait riche peut-être, mais leur sort n'est pas encore fixé ; ce sont les satellites du chef de l'ordre.

Si l'un d'eux, le Crédit mobilier espagnol, fait encore une prime assez importante au-dessus du pair, malgré ou peut-être à cause de l'émission de 120,000 actions nouvelles devenues tout à fait semblables aux anciennes, et jouissant des mêmes droits depuis le 1er janvier dernier, cette plus-value de capital ne repose pas sur des bases assez certaines pour qu'il faille de là conclure à sa prospérité absolue. Le même raisonnement peut, croyons-nous, s'appliquer à la Banque ottomane.

Le Mobilier italien et le Mobilier néerlandais ont eu leur temps d'épreuve ; pour le dernier, ce temps dure encore, et nous ne nous ferons pas l'écho de tous les bruits qui avaient cours dans ces derniers temps (1).

(1) Nous passerons également sous silence l'affaire de la Banque de Savoie, puisque la combinaison a échoué. C'est une spéculation manquée.

De deux choses l'une ; ou ces sociétés ont été créées pour servir d'intermédiaire entre le capital français et les compagnies étrangères, et nous savons par expérience quels en sont les résultats au point de vue de l'actionnaire ; ou bien encore le nom n'a servi qu'à couvrir la marchandise, et le Crédit mobilier français a pu avoir ainsi à sa disposition les capitaux qu'il lui était refusé d'émettre sous forme d'obligations ou de doublement d'actions.

Comment il en a usé ! chacun peut en juger par la lecture de l'abrégé succinct qui précède.

Les éminents fondateurs ont fait fausse route, croyons-nous, dans la création de toutes ces sociétés de spéculation.

On trouve encore, à la rigueur, les éléments d'affaires indispensables pour faire vivre une société de spéculation et lui servir un intérêt satisfaisant.

Mais comment rassasier tant d'affamés ? Comment trouver chaque année les dividendes nécessaires pour empêcher chaque valeur de se déprécier et de perdre les cours nécessaires à son crédit ?

Puis, il y a un inconvénient plus grave encore au point de vue du public. Au lieu d'acquérir une plus-value modérée sur le taux d'émission des actions par la valeur intrinsèque de l'affaire, les fondateurs de sociétés ne tendent plus qu'à un seul but :

Se partager la totalité des actions de l'affaire nouvelle, raréfier, syndiquer les titres (le mot est très à la mode aujourd'hui), et, par tous les moyens que l'état du marché met à la disposition des puissants, forcer le public à entrer aux plus hauts cours dans ces valeurs qu'il dédaignait auparavant, ou même qui ne lui avaient pas été offertes au pair. Payant une forte prime, l'actionnaire devient naturellement plus exigeant sur le revenu, qui, trop souvent, n'est pas en rapport avec les cours cotés, et cette hausse factice est plus tard une cause de dépréciation réelle.

———

Nos lecteurs ont pu en juger par la notice historique qui précède : sur dix ou douze affaires, qui sont leurs principales créations, et malgré une incontestable habileté, les financiers qui président aux destinées du Crédit mobilier n'ont trouvé que deux affaires sérieusement réussies. Encore ces affaires existaient-elles depuis longtemps et le Crédit mobilier n'a-t-il fait que prêter son concours à leurs fusions.

Il faut nous reposer, Messieurs. Rappelons-nous les années de torpeur qui ont suivi le grand mouvement de 1856 ; nous sortons d'une période de fièvre et de créations incessantes ; le public a besoin de repos pour digérer toutes ces affaires nouvelles qui nous encombrent, et si, par moment, il semble retrouver quelques jours de fièvre et d'activité financière, gardez-vous d'en trop user, car il retomberait bientôt dans son inertie. Depuis deux ans, le capital a répondu aux appels incessants qui lui ont été faits. Où sont les bénéfices, les augmentations de fortune promises ? Il faut lui laisser le temps de se rallier, de se reformer avant de commencer fructueusement une nouvelle campagne.

Les dividendes du Crédit mobilier seront moins gros, peut-être. C'est ici-bas le sort de toutes les affaires qui ne vivent pas de leur valeur intrinsèque, de leurs produits réguliers. Comme nous le disions plus haut, dans toute affaire de spéculation ou de commerce, s'il y a de grands bénéfices à certains moments, cela fait compensation aux années de calme et de pénurie qui viennent toujours succéder à celles d'abondantes récoltes.

Dans cette première partie de notre travail, nous croyons avoir été juste et même indulgent. Nous avons évité de peindre le côté tragique et douloureux qui se trouve trop souvent au fond de toutes ces ruines, de toutes ces déceptions. C'est au lecteur de tirer lui-même la conclusion et d'apprécier la nature des services rendus.

Quelles que soient les opérations entreprises par le chef d'une puissante maison de banque, il agit au moins sous sa propre responsabilité ; mais la Société du Crédit mobilier est impersonnelle, et c'est à tort qu'on a souvent essayé de lui donner un nom, une individualité quelconque. Si l'enquête venait prouver la nécessité d'une réforme, c'est bien la Société elle-même qu'il faudrait modifier, réformer.

Le gouvernement a conservé droit de vie et de mort sur l'institution ; il lui serait donc facile, tout en respectant les intérêts des tiers, de l'enfermer dans un cercle absolu dont elle ne puisse plus sortir.

PARIS. — IMPRIMERIE CENTRALE DE NAPOLÉON CHAIX ET C°, RUE BERGÈRE, 20. — 210°.

LES
SOCIÉTÉS DE SPÉCULATION

SUITE

DU CRÉDIT MOBILIER

ET SES VALEURS

PAR

Emile NOUETTE-DELORME.

PARIS

LIBRAIRIE CASTEL

Galerie de l'Horloge, passage de l'Opéra, 21.

1865

LES

SOCIÉTÉS DE SPÉCULATION

SUITE

DU CRÉDIT MOBILIER

ET SES VALEURS.

━━◆◆◆━━

QUELQUES MOTS AU LECTEUR.

Depuis la publication de notre étude sur le Crédit mobilier et ses valeurs, il nous a été fait diverses observations dont nous nous plaisons à reconnaître, au moins en partie, la justesse et l'à-propos.

Les uns nous reprochaient d'avoir oublié, dans la liste des valeurs créées ou patronnées par la Société de crédit mobilier, un certain nombre d'affaires dont le sort a été aussi malheureux que celui de l'Ouest suisse, et l'on nous citait entre autres la Société de la canalisation de l'Èbre. — Ce n'est pas par oubli, mais avec une intention bien arrêtée que nous nous en sommes tenu aux valeurs que nous avons nommées. Elles suffisaient amplement pour démontrer la nécessité, l'urgence d'une réforme sérieuse des statuts et de la constitution des sociétés dites de spéculation.

D'autres accusaient la tiédeur de notre style et de nos conclusions, qui ne concluaient pas. — A ceux-ci nous répondrons qu'en entreprenant cet examen impartial, nous n'avions pas en vue une œuvre de passion et de rancune contre les financiers que chacun se plaît à reconnaître sous l'anonymat de la société. Quant aux conclusions à en tirer, nous les réservions alors, afin de connaître avant tout l'opinion de nos lecteurs sur les faits exposés; puis, chacun affirmant au moment où parut notre travail, que la Commission d'enquête ne se réunirait pas, nous crûmes devoir en modifier la dernière partie, et il fut publié le jour même où *le Moniteur*, en donnant le formulaire des questions qui seront posées, venait affirmer l'existence de cette Commission.

Nous ne parlerons pas non plus du procès qui vient d'être jugé par la Cour impériale de Paris, procès que chacun a pu suivre avec l'intérêt qu'il mérite dans le petit nombre de journaux qui se sont enfin décidés à le reproduire.

C'est avec un véritable sentiment de tristesse que nous avons fait cette lecture instructive, mais décourageante. Nous trouvons cependant un grand sujet de consolation et d'espoir pour la régénération morale de notre pays dans cette nouvelle preuve de l'élévation et de l'intégrité de notre magistrature, qui a conservé intactes ces traditions d'honneur et du devoir qui firent sa gloire dans les siècles passés.

Nous prévenons nos bienveillants lecteurs que ce travail, ainsi que celui que nous avons publié ces jours derniers, vient de nous seul, a été inspiré par nous seul, et que nous ne cherchons nullement à en partager la responsabilité avec aucun autre écrivain financier qui porterait le même nom que nous. De même qu'on ne peut nous attribuer tel écrit ou telle opinion antérieure sur quelque sujet financier que ce puisse être. — (Exceptons en toutefois l'étude sur la Compagnie de Séville à Xérès, qui parut au mois de juillet dernier, sous le titre de *la Vérité sur la grande Compagnie de Cadix à Xérès*, dont nous acceptons la responsabilité.)

D'OU VIENT LE MAL.

Malgré les bruits répandus par certains journaux, la Commission d'enquête est actuellement réunie. Les questions qu'elle doit résoudre sont nombreuses et complexes; nous n'avons pas à les discuter ici. Nous voulons seulement résumer notre étude sur la principale valeur de spéculation et sur les résultats qu'elle a produits depuis son existence.

Ces conclusions qui manquaient à notre travail précédent, nous venons les présenter aux lecteurs, que nous ferons juges de leur valeur et de leur opportunité.

Le mal est profond, il n'est pas inguérissable ; mais il faut, avant tout, se convaincre de son existence, et nous croirons avoir beaucoup fait pour notre part, si nous parvenons à faire entrer cette conviction dans l'esprit du public financier.

Partout nous n'entendons que des paroles de découragement.

Notre marché est bien malade, disent les uns. Cela tient au mauvais vouloir des maisons de banque, disent les autres. On a tué la spéculation, ajoute un troisième. Où est le remède ? demande un quatrième.

Au lieu de joindre nos lamentations à celles qui remplissent les bulletins avec un si touchant ensemble ; au lieu de pousser sans cesse le public vers les valeurs, afin d'obtenir, par une amélioration momentanée, les cours dont chacun a besoin pour ses émissions ; instruits par l'exemple du passé, mettons un peu moins d'impatience à nos désirs de hausse et cherchons le moyen de la rendre durable et universelle, car ce n'est pas impunément que l'on fait de ces hausses d'exception, qui enlèvent certaines valeurs de mauvaise qualité à des cours déraisonnables.

L'argent abonde, l'escompte est arrivé à un taux bien inattendu, et cependant, après un premier mouvement de reprise, le public s'arrête défiant et attend.

Que lui manque-t-il donc ?

La foi, la confiance.

Comment il a perdu cette confiance des premiers beaux jours, voilà ce que nous avons essayé de démontrer dans notre premier travail, en exposant les résultats et le dommage éprouvé par les actionnaires dans leurs rapports avec une seule société de spéculation. S'il fallait chiffrer ces pertes, ce dommage, c'est par centaines de millions qu'il nous faudrait compter.

La classe moyenne, les familles laborieuses, en un mot, tous ceux qui vivent d'économie et de travail, ont été les plus maltraités. Ils accouraient pleins de confiance, alléchés par des prospectus et des rapports entraînants, croyant trouver un placement sûr et avantageux pour les économies du mois ou de l'année ; ils accouraient, dis-je, confier aux grands-prêtres de l'autel la pièce d'or péniblement acquise, le billet si précieusement conservé. Et leurs pièces d'or diminuaient en nombre, et leurs billets diminuaient en valeur, et trop souvent, au lieu des beaux revenus promis, il fallut se contenter d'un intérêt amoindri, que la générosité de l'État venait assurer à l'actionnaire trop confiant.

De grandes fortunes se formaient au milieu du malaise général, qui, même au point de vue économique, étaient loin de faire compensation à cet appauvrissement des classes moyennes. En effet, quel que soit le luxe étalé par certaines aristocraties d'argent, il n'équivaudra jamais aux dépenses régulières d'un grand nombre de familles menant une existence aisée et confortable avec le même capital et le même revenu absorbé par un seul.

Puis, ces habitudes d'aisance et de confortable que l'on avait contractées, il fallut bien, pour continuer à en jouir, il fallut bien, dis-je, s'adresser à ces valeurs étrangères qui offraient moins de sécurité encore que les nôtres, en donnant des revenus plus élevés. De là vient le succès des valeurs et des emprunts étrangers depuis cinq ans. Ce que sont devenues le plus grand nombre de ces valeurs, chacun le sait, et nous pouvons tous chiffrer ce qu'un seul pays, l'Espagne, nous a emporté de numéraire et de valeurs actives, dont la plus grande partie ne nous rentrera jamais. Encore le peu que nous retrouverons ne reviendra-t-il qu'à la longue et par d'autres canaux.

Voilà pourquoi l'argent est défiant et préfère rester inactif ou s'employer à un minime intérêt plutôt que d'entrer dans ces affaires qui l'ont tant de fois trompé.

Voilà pourquoi la spéculation reste les bras croisés en face des cours qu'on veut lui imposer sur ces valeurs dangereuses, dont la position est tout à fait inconnue du plus grand nombre, qui se trouve ainsi à la merci de quelques-uns.

Pour rassurer le public, pour lui rendre cette foi, cette confiance qui lui manquent, ce sont les sociétés de spéculation qu'il faut arrêter dans leur mission dangereuse, ce sont elles qu'il faut entourer de barrières infranchissables, afin qu'au moins, si elles ne peuvent rendre que de faibles services, il leur soit impossible de nuire au crédit public en le violentant et le tiraillant à nouveau.

Après avoir approfondi le mal que nous voulions signaler, notre étude et nos réflexions se sont portées sur les remèdes possibles, et ce sont les résultats de cette étude et de ces réflexions que nous venons soumettre à l'appréciation de nos lecteurs.

Nous respecterons, bien entendu, les hautes questions de finance et d'économie qui vont être discutées au sein de la Commission d'enquête, composée, chacun le sait, des personnages les plus influents et les plus capables de trancher ces questions épineuses.

Voici les résolutions que nous voulons discuter brièvement et que nous croyons dignes de frapper l'attention de nos lecteurs.

I.

Touchant la constitution des sociétés anonymes en général.

1° Liberté de l'anonymat. De la souscription publique et des syndicats.

2° Difficulté de faire utilement partie de plusieurs conseils d'administration.

3° Responsabilité absolue des administrateurs, directeurs ou gérants.

4° Sincérité des assemblées générales.

5° Communication en temps utile aux actionnaires du rapport qui doit être lu à l'assemblée générale.

6° Sur les fusions des sociétés anonymes et autres.

II.

Touchant les sociétés de spéculation.

1° Publication par lesdites sociétés d'un bilan mensuel ou de quinzaine.

2° Interdiction de la vente à primes aux sociétés de spéculation, sauf pour les valeurs qu'elles possèdent en caisse, et en égale quantité seulement.

3° *Interdiction absolue pour toute société de se faire l'intermédiaire, pour quelque personne ou quelque compte que ce puisse être, d'opérations qui lui seraient interdites par ses statuts.*

4° *De la cote à terme pour les valeurs de spéculation et des dettes de jeu.*

III.

Touchant la rente française et les valeurs étrangères.

1° *Causes de dépréciation pour la rente.*

2° *Suspension momentanée des émissions de valeurs étrangères de toutes sortes.*

I.

TOUCHANT LA CONSTITUTION DES SOCIÉTÉS ANONYMES EN GÉNÉRAL.

———

1° Liberté de l'anonymat. De la souscription publique et des syndicats.

Un projet de loi est, nous dit-on, en ce moment à l'étude, qui concluerait à la liberté des sociétés anonymes, rentrant ainsi dans le droit commun.

Nous ne pourrions qu'applaudir à l'initiative que prendrait le gouvernement. En matière de commerce et d'industrie, la liberté, si elle a quelques inconvénients, n'en est pas moins le régime le plus propre au développement de la richesse et de la prospérité d'un pays. L'Angleterre et les États-Unis nous offrent à ce sujet deux remarquables exemples.

Une auguste parole nous l'a annoncé, ces jours derniers :

« *De nouveaux projets auront pour but de laisser une liberté plus* » *grande aux associations commerciales, et de dégager la respon-* » *sabilité toujours illusoire de l'administration* (1). »

———

(1) Discours de S. M. l'Empereur à l'ouverture de la session du 15 février dernier.

Au lieu des nombreuses formalités qui précédaient l'obtention de l'anonymat, arrêtant l'essor des entreprises privées, décourageant les capitalistes et les hommes d'initiative par une multitude de formalités dispendieuses, au lieu de ce régime protecteur qui ne protégeait guère; en entrant dans une ère de liberté, les sociétés et leurs fondateurs seront soumis au régime du droit commun, et les tribunaux réguliers pourront sans doute décider dans toutes les questions litigieuses.

Mais nous insisterons pour que, lors de leur fondation, les sociétés anonymes placent leurs actions par voie de souscription publique, les fondateurs ne s'en réservant qu'une fraction déterminée, le quart ou le cinquième au plus.

A moins cependant que le nombre des actions ne soit assez réduit pour que lesdits fondateurs, en se les partageant, puissent faire les versements effectifs et dans le délai convenu.

En passant, exprimons le vœu que la nouvelle législation étudie les moyens de proscrire ces syndicats qui n'ont d'autre but que de violenter le public en raréfiant les titres d'une valeur quelconque pour le forcer à les prendre à des cours démesurés.

2° Difficulté de faire utilement partie de plusieurs conseils d'administration.

Quelle est trop souvent la composition des conseils d'administration de certaines compagnies ? Un ou deux banquiers, hommes d'initiative et d'expérience en matière de finance et d'administration qui sont les chevilles ouvrières de l'affaire, quelques amis auxquels le titre d'administrateur assure dans le monde une position enviée pour toute la considération qui s'y rattache à notre époque ; quelques personnes titrées portant un nom plus ou moins historique, ou bien encore un certain nombre de personnages remplissant de hautes fonctions, qui tous sont venus prêter à l'affaire l'appui de leur nom ou de leur notoriété.

Nous ne voulons pas dire ici que ces personnages éminents n'acquièrent pas plus ou moins promptement les connaissances nécessaires pour remplir utilement leurs fonctions; mais, étant plus en vue, ils sont d'autant plus recherchés et offrent également à d'autres compagnies le bénéfice de cette notoriété. D'un autre côté, les administrateurs administrant, qui sont obligés de partager leur temps et leurs préoccupations entre diverses affaires, ne peuvent se consacrer entièrement ni à l'une ni à l'autre, et la société est en réalité gérée par quelque subalterne trop souvent sans responsabilité.

Administrer sagement n'est pas chose si facile. Que chacun de vous, Messieurs, au lieu de prêter son nom à dix ou douze affaires de différentes natures, se concentre sur une seule qui sera l'objet de toutes ses préoccupations et aura tout intérêt à reconnaître par de larges rémunérations les travaux entrepris ainsi que les services rendus.

Puis, entre ces compagnies que vous administrez toutes au même titre, les intérêts sont souvent contradictoires, et notre faible nature humaine vous portera trop souvent, à votre insu, à sacrifier l'avenir de l'une au profit de l'autre pour laquelle vous vous sentez un penchant, un faible bien excusable chez les pères et les fondateurs.

Tous les hommes sensés, tous les hommes d'expérience seront de notre avis :

Nul ne peut faire utilement partie de plusieurs conseils d'administration, au moins pour les sociétés ayant des intérêts communs ou de même nature. Rendons ici un hommage mérité aux administrateurs de la plupart de nos grandes compagnies, qui sont dignes en tout point des fonctions importantes qu'ils remplissent. Mais l'exception emporte la règle et si les abus viennent de la minorité, il n'en devient pas moins nécessaire de modifier la loi.

*3° Responsabilité absolue des administrateurs, directeurs
ou gérants.*

Livrés tout entiers à l'administration et à la direction de cette affaire à laquelle ils consacrent tout leur temps, et qui doit les en indemniser largement ; se partageant le travail et la surveillance chacun dans sa spécialité : le directeur ou gérant pour l'exploitation et la surveillance active, les membres du conseil, tout en contrôlant la direction, pour les hautes questions administratives et financières : tous, nous en sommes sûr, offriront volontiers au public actionnaire les responsabilités matérielles et morales que leur position presque indépendante pendant douze mois de l'année leur fait un devoir de lui offrir, tant pour leurs actes que pour ceux de leurs subordonnés.

Sans cette responsabilité effective, combien grande deviendrait la puissance de ces conseils d'administration auxquels les assemblées d'actionnaires défèrent si aveuglément tous les pouvoirs possibles et bien d'autres encore, souvent sans en connaître l'importance.

L'histoire de certaines compagnies nous a prouvé plus d'une fois que lorsqu'il s'agit d'assumer la responsabilité du passé on ne trouve plus personne, et il serait nécessaire, avec le régime de liberté qui se prépare, que l'on pût toujours retrouver ses répondants.

4° Sincérité des assemblées générales.

Un procès célèbre à peine terminé est venu donner à ce sujet tout un intérêt d'actualité. Sans nous occuper des faits de ce procès, regrettons avec tous ceux qui y ont assisté, les scènes de scandale que nous ont offertes certaines assemblées générales.

Aux termes de la loi, les actionnaires possédant le nombre d'actions fixé par les statuts, ou leurs fondés de pouvoirs, peuvent seuls faire partie des assemblées générales, et trop souvent cependant nous avons coudoyé dans ces réunions des individus complétement étrangers à la compagnie (1), ou ses salariés, qui étaient venus là pour appuyer, soutenir, tant de la voix que du geste, presque de la menace, les propositions et les demandes du conseil. L'actionnaire véritable résistait quelquefois; alors avaient lieu des invectives et des luttes qui eussent pu facilement dégénérer en pugilat. Plus souvent il subissait en silence l'ascendant de ces étrangers, de ces intrus qui votaient sa ruine ou sa déchéance. Ces faits sont trop connus de tous pour qu'on ose les démentir.

Il nous semble cependant qu'on trouverait dans la loi du 23 mai 1863 les articles nécessaires pour empêcher, réprimer, punir ces manœuvres condamnables qui sont tellement passées en usage qu'elles paraissent presque excusables à bien des gens, au lieu de provoquer leur indignation.

Dans les compagnies qui se respectent, il y a des moyens plus doux. Un monsieur cravaté de blanc et ganté de noir, aussitôt l'assemblée réunie, commence une lecture fastidieuse qui dure de une heure à trois heures, selon qu'on veut mettre plus ou moins l'actionnaire au courant du nombre de milles ou de kilomètres parcourus dans l'année par chaque wagon de marchandises ou de voyageurs. Une fois tous ces enfantillages et toutes ces statistiques, que l'actionnaire lirait si agréablement au coin de son feu, débitées gravement à cette foule ahurie, qui bâille et se débat contre l'ennui; la plupart qui n'étaient venus que pour connaître le chiffre du dividende de l'année, s'enfuient à la hâte, et les résolutions les plus graves se discutent, non, se prennent devant les banquettes dégarnies.

Il faut rendre aux lois leur autorité. Flétrissons comme elles

<hr>

(1) Dans le procès des Ports de Marseille, il est question, entre autres, du coiffeur d'un membre du conseil d'administration qui avait été invité à venir à l'assemblée.

doivent l'être toutes les manœuvres illicites qui ont mis certaines assemblées générales entre les mains du conseil d'administration dont elles devaient discuter les assertions, contrôler les comptes rendus. Défendons l'usage de ces mandats en blanc que quelques compagnies se font envoyer par les actionnaires éloignés sous prétexte que leurs pouvoirs sont indispensables pour valider l'assemblée; que l'immixtion d'étrangers soit punie, tant à l'égard de l'intrus qu'à l'égard de celui qui l'a introduit. Cet acte contient une espèce de faux ou tout ou moins une manœuvre frauduleuse qui tombe sous le coup de la loi ci-dessus nommée. Mais le plus coupable n'est pas l'employé ou le salarié qui subit une contrainte morale et pourrait perdre sa place en refusant le service demandé : c'est celui qui l'a fait entrer.

Pour engager l'actionnaire à se rendre aux assemblées, il nous paraîtrait essentiel de rétablir les jetons de présence et de les élever à un taux suffisant pour le tenter. Une assemblée composée de 800 ou 1000 personnes recevant 25 à 30 francs chacune, ne grèverait la compagnie que de 25 à 30,000 francs, soit une charge de quelques centimes par action. Ce serait une juste indemnité accordée aux actionnaires qui se dérangeraient de leurs affaires pour venir surveiller la gestion des intérêts communs et présenter leurs observations.

3° Communication en temps utile aux actionnaires du rapport qui doit être lu à l'assemblée générale.

Cette proposition est la conséquence de l'autre. Il serait si simple d'envoyer, huit ou quinze jours avant l'assemblée générale, aux propriétaires d'actions nominatives dont on connaît le domicile, et de tenir à la disposition des autres, qui pourraient le prendre dans les bureaux de la compagnie, le rapport du conseil d'administration, en y joignant l'ordre du jour et l'exposé des communications qui seront faites à l'assemblée; tout cela serait si simple, dis-je, qu'on se demande, en vérité, comment il se fait qu'aucune compagnie n'ait encore adopté ce parti qui fermerait la porte à tant de réclamations.

Au moins l'actionnaire pourrait voter avec connaissance de cause, faire toutes les observations et demander tous les éclaircissements qu'il jugerait convenable.

Espérons que cette mesure, dont l'utilité ne saurait être contestée et qui supprimerait toute la partie ennuyeuse des assemblées, ne sera pas oubliée lors de la discussion du nouveau projet de loi au Corps législatif.

6° Sur la fusion des sociétés anonymes et autres.

Nous ne sommes pas l'ennemi des fusions. Loin de là, nous avons applaudi en principe à celles de nos compagnies de chemins de fer qui, en réunissant leurs forces, ont pu disposer de moyens plus puissants pour l'achèvement du réseau, sans parler ici de l'économie et de tous les avantages qu'offre l'exploitation d'une grande ligne sur celle de dix tronçons construits ou administrés de différentes manières.

Mais, tout en admettant le principe, nous voulons signaler l'abus.

Deux compagnies de chemins de fer exploitant les mêmes régions ou aboutissant l'une à l'autre peuvent sans doute fusionner utilement. Il en est de même pour deux exploitations de même nature, situées dans la même ville. Mais si nous voyons une société de cafetiers, de propriétaires d'hôtels meublés, restaurant et table d'hôte à Paris, par exemple, fusionner avec deux sociétés situées à l'autre bout de la France, l'une perçant des rues et construisant des maisons, l'autre faisant le commerce des terrains, nous cherchons sans pouvoir la trouver quelle est l'utilité pour l'actionnaire de ces fusions fantaisistes.

Ne serait-ce pas retourner en arrière et revenir par le chemin le moins court au beau temps de l'école saint-simonienne, alors que les actionnaires, je me trompe, les disciples mettaient en commun leurs richesses matérielles et intellectuelles (la société était beaucoup mieux fournie des dernières) et partageaient, dans les moments de détresse, les raisins verts qui, selon l'auteur de *Jérôme Paturot*, furent la dernière nourriture des croyants habitués à se contenter de peu : aussi ne les trouvaient-ils pas trop verts en ce temps-là.

Mais la Commission d'enquête s'occupera sans doute du sujet si important des fusions. Elle en proposera les bases et les limites, afin que l'actionnaire qui s'est endormi copropriétaire d'immeubles et de terrains ne se réveille pas le lendemain limonadier, ou industriel.

II.

TOUCHANT LES SOCIÉTÉS DE SPÉCULATION

1° Publication par les sociétés de spéculation d'un bilan mensuel ou de quinzaine. — Publication de leur position de fin d'année dans la première quinzaine de janvier.

Les propositions que nous venons de discuter peuvent s'appliquer à toutes les sociétés anonymes. Il en est quelques autres qui s'adressent plus spécialement aux sociétés de spéculation. Leur adoption viendrait moraliser les transactions en écartant cet inconnu qui fait qu'entre deux parties, le conseil d'administration, les gérants ou les personnes bien informées d'un côté, le public ou l'actionnaire de l'autre, les chances sont loin d'être égales.

En effet, les premiers connaissent semaine par semaine, jour par jour, la position de la société, les événements heureux ou malheureux qui lui arrivent, tous les faits, enfin, qui peuvent influer sur le cours des actions ; car on n'a pas là, comme pour les compagnies de chemins de fer, un bulletin de recettes hebdomadaires qui permette d'apprécier la position de la société, et d'évaluer par avance le dividende de l'année.

Le public, l'actionnaire, ignorent tout cela : aussi cherchent-ils avec anxiété le sens des grands mouvements que nous voyons s'effectuer deux ou trois fois par an. Croyant à l'existence d'un état florissant, ils achètent quand ils voient la valeur monter. Tout autour d'eux, des émissaires plus ou moins autorisés répandent les bruits les plus saugrenus, émettent les opinions les plus exagérées, et les spéculateurs en sont encore aux folies, aux exagérations de la hausse, que les moteurs de tout ce bruit, de tous ces mouvements sont déjà rentrés sous leur tente, emportant les dépouilles de tous les Gogos du marché.

Les mêmes faits se reproduisent dans l'autre sens, avec la même exagération, les mêmes ruses et la même mise en scène.

Pour atténuer autant que possible ces incidents regrettables, nous proposons que les sociétés de spéculation soient tenues de publier chaque mois, ou même tous les quinze jours, un bilan exact de leur situation, ainsi que cela a lieu pour les sociétés de crédit.

Nous proposons également que chaque année, vers le 15 janvier, la situation de la société au 31 décembre, qui n'a été connue jusqu'ici que par certains administrateurs, soit également publiée par les journaux ou communiquée à tous les actionnaires qui en feraient la demande.

Pour l'une de ces sociétés, la plus célèbre, l'assemblée a lieu le 27 ou 28 avril ; pour y assister, il faut déposer ses titres dans les bureaux de la compagnie pendant la dernière quinzaine de janvier. Le titre se trouve ainsi raréfié, syndiqué pendant trois mois, et sa disparition vient faciliter les hausses exagérées mais fugitives que nous voyons régulièrement s'effectuer à cette époque.

Avant de clore ce chapitre, demandons-nous si les compagnies ont été créées et mises au monde pour la plus grande commodité des conseils d'administration, ou bien si les conseils d'administration ont été constitués dans l'intérêt des compagnies.

Nous laissons à nos lecteurs le soin de répondre.

2° Interdiction de la vente à primes aux sociétés de spéculation, sauf pour les valeurs qu'elles possèdent en caisse, et en égale quantité seulement.

Le commerce des primes est l'un des plus importants pour les sociétés qui nous occupent actuellement. C'est une source de revenus permanents, et nous aimons à croire qu'elles restent dans la limite de leurs statuts en ne vendant pas à prime la valeur déjà vendue ferme; enfin, que leurs ventes ne dépassent jamais le nombre d'actions de même nature qu'elles peuvent posséder en portefeuille.

3° Interdiction absolue à toute société de se faire l'intermédiaire, pour quelque personne ou quelque compte que ce puisse être, d'opérations qui lui seraient interdites par ses statuts.

Nous avons toute confiance dans la sévère et active surveillance de MM. les commissaires du gouvernement, mais nous croyons leur existence menacée par le nouveau projet de loi; puis on peut, à la rigueur, cacher toutes opérations illicites, telles que les ventes à découvert, les achats de prime, les ventes de prime dépassant le nombre de titres en portefeuille, sous un nom ou un compte étranger. Il serait prudent, croyons-nous, d'interdire aux sociétés de servir d'intermédiaire à qui que ce soit pour les opérations qui leur sont interdites à elles-mêmes. Le conseil devenant responsable de toutes les contraventions, cette mesure aurait une grande efficacité et fermerait la porte à bien des abus.

4° De la cote à terme pour les valeurs de spéculation et des dettes de jeu.

Nous ne voulons qu'effleurer ce chapitre important, qui de loin paraît si grave, et de près ressemble beaucoup aux bâtons flottants qui effrayaient le voyageur de la fable.

En théorie, nous conclurions de suite à la suppression de la cote à terme pour les valeurs de spéculation, mais l'application exigerait la plus grande prudence avec les habitudes prises et les affaires engagées.

Nous croyons avoir démontré plus haut combien la partie est inégale actuellement entre le public ou l'actionnaire, qui ignore toute l'année la position de la société, et le conseil d'administration ou ses aboutissants, qui connaissent cette position jour par jour, et sont renseignés sur les résultats de l'année quatre mois avant l'assemblée.

Nous ne reviendrons donc pas sur ce grave sujet; mais on ne saurait trop redire combien il est important et digne de fixer l'attention de la Commission d'enquête.

Émettons également le vœu que la Commission étende ses études et ses travaux sur l'importante question des engagements de Bourse. A notre époque où les affaires ont pris une telle extension, la Bourse deviendrait bien vite une école de mauvaise foi et d'immoralité, s'il était toléré plus longtemps que le spéculateur pût quitter la partie en refusant l'exécution d'un contrat qui lui devient onéreux.

Il y a là matière à de longues études et à de sérieuses réflexions qui nous rejetteraient en dehors de notre sujet; mais il nous semble qu'après avoir établi sur le marché les restrictions que nous demandons plus haut, le plus simple serait d'assimiler les affaires de Bourse aux affaires de commerce. En pratique, cette mesure serait d'une application facile après avoir diminué les risques en modérant les sociétés de spéculation.

III.

TOUCHANT LA RENTE FRANÇAISE ET LES VALEURS ÉTRANGÈRES.

1° Causes de dépréciation pour la rente.

Depuis douze ans, sans parler des mouvements occasionnés par les incidents politiques, la rente française a toujours été en déclinant, et la réaction en hausse ne s'est manifestée que depuis trois mois seulement, après 20 francs de baisse graduée et presque consécutive. Les causes de cette dépréciation ont été discutées bien des fois dans divers journaux ou autres publications financières, et pour la plupart, nous ne ferions que les répéter ici. Ce sont :

La concurrence des emprunts étrangers émis sur notre marché et produisant de 6 à 9 0/0, qui fait qu'un revenu de 4 1/2 0/0 semble insuffisant au rentier, ainsi que nous l'avons dit plus haut;

L'immense déclassement opéré par les emprunts des guerres de Crimée et d'Italie, ainsi que par la conversion;

Les émissions d'obligations de chemins de fer et autres, tant françaises qu'étrangères, etc., etc.

Mais celles dont nous voulons nous occuper sont l'absence de marché sur la rente, et l'importance démesurée des affaires sur les valeurs de spéculation.

Le marché de la rente! Où est-il donc? où le retrouverons-nous?

Il n'est ni au parquet, où les agents, préoccupés de leurs autres affaires, ne font de rente qu'à de longs intervalles. Souvent, nous les avons vus s'approcher du groupe des assesseurs pour échanger les 3 ou 6,000 livres de rente qu'ils voulaient négocier;

Ni au marché des assesseurs, qui n'est pas un marché libre, non plus qu'un marché régulier, et n'a pas une existence bien définie; où chaque commis, chaque intéressé dans une charge d'agent de change, vient lui-même faire ses petites affaires et celles de ses clients:

Ni au marché libre, tant de fois traqué et poursuivi, tantôt toléré, tantôt aboli; qui essaye de se reconstituer de temps en temps, mais sans retrouver cette unité, cette solidité des beaux jours du boulevard.

Au lieu de la valeur mère, de la valeur universelle, la rente, la spéculation a adopté, soit des valeurs de fantaisie et de passage, soit la valeur à grands mouvements, qui joint l'attrait de l'inconnu et des rêves à cette mobilité dangereuse. Tous viennent se brûler à sa flamme perfide, et disparaissent, une fois ruinés, pour faire place aux victimes du lendemain.

Comme nous l'avons dit plus haut, arrêtons-nous sur cette pente fatale, restreignons le rôle de ces valeurs funestes, et bientôt, après une commotion d'autant plus forte que l'on attendra davantage, nous verrons la rente prendre son essor vers les cours élevés.

2° Suppression des émissions de valeurs étrangères.

Mais une des mesures les plus urgentes, les plus nécessaires, sur laquelle la Commission d'enquête arrêtera certainement ses réflexions, c'est d'interdire pendant longtemps sur notre marché les nouvelles émissions de valeurs étrangères, dont la mauvaise qualité, les plus-values exagérées, les évaluations mensongères et le peu de sécurité réelle ont miné le marché financier. Et nous verrons à la longue s'écouler ces flots de papier qui nous encombrent, et sont ballottés de mois en mois et de reports en reports, sans pouvoir se classer, à cause de leur abondance.

———————

En écrivant ces lignes, nous croyons avoir rempli un devoir.

Espérons qu'après les avoir lues, nos lecteurs le croiront aussi.

Émile NOUETTE-DELORME.

PARIS. — IMPRIMERIE CENTRALE DE NAPOLÉON CHAIX ET Cⁱᵉ, RUE BERGÈRE, 20. — 1710.

www.ingramcontent.com/pod-product-compliance
Lightning Source LLC
LaVergne TN
LVHW021150200726
843510LV00001B/289